PAISAJE INTERIOR

Mª Ángeles Robles

PAISAJE
INTERIOR

RENACIMIENTO

www.editorialrenacimiento.com
POLÍGONO NAVE EXPO, 17 • 41907 VALENCINA DE LA CONCEPCIÓN (SEVILLA)
tel.: (+34) 955998232 • editorial@editorialrenacimiento.com

Diseño de cubierta: Equipo Renacimiento,
a partir de una ilustración de José Alberto López

DEPÓSITO LEGAL: SE 1527-2024 • ISBN: 978-84-10148-64-2
Impreso en España • Printed in Spain

A José Alberto López: artista luminoso, querido amigo.

HARU

I

LLUEVE. La tierra se prepara para morir de nuevo, para ser de nuevo. La higuera ya no existe, no tiembla más el tiempo en la arrugada palma de sus hojas. Ahora el fruto diminuto, la rama desnuda, la brillante corteza. El huerto se ha dormido bajo las nubes altas. La sobria plenitud de las calas anticipa la brevedad de un mundo sin desorden, ausente de misterio, anclado en la belleza fugaz de tantas flores sin nombre.

La senda que cruzamos ya no es la misma. Ahora es nuevo el manto que nos tiende ante nuestros pasos inseguros. Ha salido la luna y brilla poco. Se refleja apagada en el cauce del río. Arranca el metal de la piedra. Amortigua el trino de los pájaros que se despiden del día. No quiero desear más que esta noche fragante, este silencio de estrellas temblando en la penumbra.

II

Amanece. Se desdibujan las estrellas en el cielo raso. Llueven flores sobre el verde indeciso de la cuneta. Los árboles se desperezan. El pino negro, el olmo erguido sobre la tapia azul de la mañana. Las acacias soñolientas, los misteriosos eucaliptos plateados. El viento se ha detenido ante este lienzo manchado por mil colores que la niebla matiza de verdad.

¿No hay lugar para ti en este mundo sin nombre? No ha borrado la aurora los últimos vestigios de un sueño en el que eras color palpitante encendiendo la bruma. Ahí estás, esperando confundirte con lo único que importa. Y desesperas ante tanta belleza sin mañana, ante esta primavera fugitiva que tiñe de nostalgia el vuelo de los pájaros que cruzan la carretera.

HANA

Tiñe de oro el filo del camino, espuma en la orilla que el viento desordena. Su cándida belleza es el brillo antiguo de la mañana. ¿Para qué tu sencillez? ¿Qué oculta el ritmo acompasado de tu amarillo desvelo? ¿Acaso estás ahí para anunciar el día? Guarda el enigma del presente entre tus pétalos. No tiembles con mi dicha. Tu canción perdura en el recuerdo. La soledad se acrecienta con tu ausencia.

El verde no sería canción de mediodía sin tu presencia inquieta. Has nacido para anunciar de nuevo el mundo. Eres cálido presagio que amortigua la espera. Tu brillo, que no dura más que nuestras ilusiones, es consuelo. En mis manos se deshace el tierno aliento de tu olor sin nombre. Tu insolente dulzura ha derretido la nieve.

No, no es sólo tu arrogante pureza. Sobre las ramas, nubes. Sobre los campos, copos de nieve adormecida. La brisa ha derramado tu melancolía sobre el cauce seco. Las espinas acunan tu perfil diminuto, tu olorosa paciencia. Tu dulzura marina enciende la pasión y los desvelos. Tu rosada frescura es emblema sagrado, entrega y renuncia.

Sí, has llegado de nuevo, como llegan los recuerdos, para abrir la herida. Tu pureza envenena. Tu palidez acompaña. Tu destello de brisa detiene el tiempo. Tu sutil armonía es la cruel despedida de lo que dura nada y nos acompaña siempre.

NIEBLA. Bajo tu aliento sobrevive el brillo apagado de la tarde. Los colores se difuminan y con ellos la esperanza. La cruda belleza de lo que no sobrevive, la amarga conciencia de lo que nos espera tiñe de colores violentos el último intento de salvaguardar la alegría.

Bajo un cielo sin nubes la belleza se marchita. La luz es el camino. Las flores derraman su audacia bajo la copa antigua de nuestra conciencia. No esperes a que el púrpura, el azul, el violeta sobrevivan al día. No hay candor en este prado sin nombre. No hay renuncia ni despedida. Tan sólo la nostalgia desgarra su frescura. Y no encuentra la muerte el final del verano.

AWARE

Tú te llevaste
la luz de la mañana.
Y el desamparo
ha crecido en mi huerto,
enredando mis sábanas.

*

No te despidas.
No vuelvas más la cara.
Con tu sonrisa
se ha ocultado la luna
y ha crecido la escarcha.

Los días grises
del largo y frío invierno
ya se marcharon.
Pero no tu recuerdo,
y a solas desespero.

*

Yo no te culpo
de los días felices
que se perdieron
entre la hierba alta,
ocultos tras la niebla.

De nuestra historia
sólo quedan pedazos.
Me lo recuerdan
el rumor de las olas
y mis mangas mojadas.

*

Días de lluvia.
Temblando está la luna.
En el espejo
se desborda el deseo.
Mis manos son las tuyas.

VERANO

CUANDO todo termine, ¿dónde quedará la desazón de estos días felices? ¿Cómo podré definir los afectos? ¿En qué caja lacada guardaré mis recuerdos? A la sombra de este jardín. En la oscuridad templada de este abismo de ternura. En el espacio incierto de lo que no tiene nombre. Ha pasado por nosotros la primavera. Su inquietante hermosura de flores deshojadas. Su aire perfumado de promesas.

El oro del verano traerá la mentira, la pasión, el miedo. El otoño presentido en el fruto nuevo del majoleto. El oro de la tarde teñirá de candor la despedida. El arroyo seco hablará de nosotros. No cantarán más los pájaros que anunciaban el día. Un rumor de cigarras contará nuestra historia. Llegará la certeza. Y seguirá el sol ardiente nuestros pasos errantes hacia mundos distintos.

ABISMO

I

Hᴀʏ un mundo ahogado en el silencio. Un lugar sin luces que te aparten de la verdad que late en el fondo de ti mismo. No hay palabras que expliquen la cordura. Ni abismo comparable al que hoy te separa de lo que un día quisiste. Un suspiro, una queja, una renuncia. Un animal dormido. Su aliento es hielo, y vacío su mirada perdida en el pasado.

Nadar contra corriente. Perdido en el esfuerzo de encontrar una razón para el olvido. Extraño de ti mismo. Apagado el valor. Suspendidas las ganas. Sin voluntad alguna. Todo el azul del mar, todas las noches que te apartan del daño y la locura. La ciudad sumergida de la espera es un bastión callado en el que descansar de este viajar sin rumbo por la nada.

EL cielo limpio de tus ojos. La flor del beso demorado. El jardín marino de tus manos. La sed, el miedo, la nostalgia. No puede pervivir más que el deseo en este laberinto de los días. No hay más que cuerpos que debaten la razón de vivir entrelazados. Hay un dolor más grande que la ausencia. Está también la extrañeza de encontrarte. La flor nueva de una nueva despedida.

En qué antiguo sueño se olvidaron las palabras que un día nos dijimos. Ahora las repites y yo las oigo como el viento batiendo entre las cañas. Nubes altas sobre el cielo de la tarde. No quiero la esperanza de tu nombre. No el calor de tu frente en mi pecho. Náufragos. Perdidos de nosotros. Mar abierto.

PROMESA

Aliento frío. Bajo la escarcha, la ausencia se convierte en el palpitante atributo de la vida. Impasible, el tiempo se detiene un instante en la escueta pureza de la retama. El blanco que confunde los anhelos se ha transformado en promesa efímera, en inquieto manantial en el que brota la única verdad constatable. Todo fluye, ni el dolor ni la alegría consiguen detenernos. Atados a nuestros pesares, no podemos renunciar a ser brotes de nuevo. Y al abrirnos al sol tibio de la nueva primavera, sentiremos el crujir de la escarcha en nuestros corazones, el palpitar antiguo de una nueva renuncia al largo invierno.

¿Y ese pájaro que canta bajo la lluvia, qué anuncia? Hoy no quieres escucharlo. Su promesa de vida desata tus anhelos. Ya no quieres desear. La esperanza es un árbol hueco. En su interior se seca el musgo de la desazón. Y ese pájaro, bajo la lluvia fina. Su canto, un jirón de nube.

Por qué no esgrimir de nuevo la pluma y que la tinta, manantial inquieto, fluya. Ahora que no es necesario guardar las apariencias, sentado bajo la lluvia fina de una nueva primavera que quizá sea la última para ti. Tus escritos te libran del desconcierto de seguir respirando, de la pesadumbre eterna, del dolor de tus manos deformes. Libre por fin porque nada esperas, tu corazón se adormece con nuevas historias, más tuyas que nunca porque ya nada importa.

NIEBLA

I

LA piedra dura en el fondo del estanque. La rama seca. La noche oscura. La luna velada por el hálito sutil de una nube que pasa. El trazo de tinta negra que prefigura un pino en la montaña. El agua quieta. La luz que es sombra. El rocío helado del invierno. La flor bajo la nieve a la espera de una nueva primavera. Esperar. Saber esperar lo que no encuentras más que mirando dentro o muy arriba.

El camino. Tras los pasos de los que hundieron su melancolía, su fuerza, su dolor y su alegría en la búsqueda errante de la luna más hermosa. Un prado lleno de flores que nadie mira. Un grillo sobre el casco de un guerrero. Una rana que salta en el fondo claro de un viejo corazón al que despierta el ¡*zas*! del agua. Y las flores del cerezo. Las sandalias deshechas en la falda negra del monte Fuji.

II

AGUARDAS. La voluntad agazapada. Herida la conciencia de ti mismo. Esperas el momento oportuno. Lanzas tu zarpa de animal herido. El mundo ha colmado la dócil apariencia de tu mirada clara. Ya no brilla la herida del deseo. No hay voz para acunar la desdicha. No hay abrazo bajo la luna clara. Los días grises han ganado la partida. Y te consuelas intentando reconstruir tu rostro ante un puñado de cristales rotos.

Días por descubrir. La vida ensimismada en el nudo callado de tu respiración. El momento del encuentro bajo el sol de la mañana. La sombra del pino custodiando la dicha sin nombre de tu rostro. El calor de tu aliento. La piel fría de tu pecho. Tus manos en mi pelo. El licor de tu risa. No nos ha vencido el tiempo, sino esa vieja costumbre de no dar por perdido lo que jamás tuvimos.

NOCHE

I

Lo irremediable es huir. Renunciar a un último intento. Evitar acogerse a la blancura de la flor que es flor de un día. El negro marchito de la noche te devuelve el eco de tus pensamientos. Escucha cómo crujen las ramas en tu pecho. Cómo el viento que presiente la tormenta se apresura, arrastra los desvelos y alienta el corazón sombrío de la ausencia.

No dejes que la luz confunda tus anhelos. No te dejes deslumbrar por el sol de los días felices. Entre las sombras se esconde la verdad desnuda, la desazón, el desconcierto. Para qué los colores violentos de la aurora, para qué el abismo y el vértigo de la tarde. Quédate con la noche y sus espejos, con los deseos no cumplidos. La madrugada.

Quizás exista el olvido. Un manto tembloroso de niebla ha cubierto el pasado y al otro lado queda, en soledad absoluta, lo que una vez fuimos. La nostalgia ha tejido un capullo de seda y en su interior late la belleza efímera de lo que no volverá. Y esa mariposa inquieta, ¿por qué revolotea aún en mi pecho?

La despedida breve. La conciencia clara de que nada volverá a ser como antes. La oscura certidumbre de estar a solas con tus pensamientos. Ese papel arrugado que lanzaste al fuego por miedo a escribir en él su nombre, y que ahora arde lenta, muy lentamente.

SOMBRAS

No espero que comprendas mi insistencia. La pereza fingida de esperarte. La elocuente sinrazón de mis palabras. El quererte privar de mis abrazos. No creo que las sombras oculten del todo mi impaciencia. Ni que el viento arrugue mis caricias. El frío de tu mano ha entretejido el lazo que ahora ciño a mi cintura. Hieres mi piel. Laceras mis desvelos. Galopo hacia la nada.

Aunque el recuerdo ajuste la verdad de aristas nuevas. Y el rojo de la aurora amanezca dormido entre mis sábanas. Aunque oscuros soliloquios tiñan la luz de la mañana y ya no encuentre el camino de seguirte. No hay razón que evite los recuerdos. Esa extraña aventura de olvidarte. La noche ha calado mi almohada. Viejas sombras habitan en mis sueños.

MOMIJI

CRUJE la tarde. Tus pasos perezosos han despertado la quietud del bosque. Gotas de sangre, carmín encendido. La luz se pierde en la fronda silenciosa. Las hojas caídas, mar del otoño, cubren de nuevo la vida que duerme. Cómo ignorar este cielo de estrellas apagadas. Cómo sembrar la despedida sin perder la conciencia de un nuevo camino al que dirigir los pasos. Todo ha ocurrido de repente. El viento helado. La flor marchita. El silencio.

Compartir un puñado de palabras, y luego otro. Esperarte de pie, al filo de la acera. Contestar tus preguntas, discutir sobre nada. Tu mano y la mía unidas sobre el mármol helado del velador. La última vez. Tus ojos brillando aquella mañana en la que yo llevaba prisa. La voz conocida al otro lado del teléfono. El hombre que toca el acordeón en la estación. Las hojas amarillas que el viento hace volar. Tu risa hace temblar los recuerdos.

Cerremos los ojos. El cielo se ha cubierto de nubes escarlatas. El fuego que arde dentro ha despertado canciones olvidadas. Quiero oírte de nuevo, que tu voz tiña de rojo el sigilo de la tarde. ¿No escuchas como yo nuestros pasos de entonces en el eco lejano del pasillo? El rumor del mar. Las hojas muertas. La luna impaciente. Contemplemos juntos la desolación del otoño que vuelve. La belleza precisa de un mundo que se acaba.

AMANECER

Has nacido para el olvido. Para que el verano borre la llama con que alumbras las mañanas resplandecientes, las tardes soñolientas. Tú existes al abrigo de una vaga esperanza. No somos más que sombras que cruzan el camino. Sin nombres, sin luz para seguirte. Abandonados en tu descuido. Reconocidos en tu insistencia. Apagados contigo hasta la próxima primavera.

Bajo la sombra clara de tu audacia. En el espejo tibio del remanso. En el brillo que oprime el corazón tejido de recuerdos. Un palpitar de luces nuevas, de nuevos colores demorados. Congregados en la honda mansedumbre de tu entrega. Sin doblez ante un mundo que renace y que contigo muere cada hora.

DUERMEVELA

Sueño contigo.
¿En qué camino oscuro
suenan tus pasos?

*

Sin tus palabras,
¿cuánto dura el invierno?
Arrecia el frío.

*

Lo que nos queda.
Un puñado de arena
que el sol calienta.

PASADO

Los días grises. Aún queda nieve en las altas cumbres de la memoria. Esa sosegada impaciencia que nos devuelve a los días de juventud en los que el miedo era un temblor ante lo desconocido, una imagen borrosa en el espejo, un latido intermitente, una canción de despedida. Y ahí estamos, silenciosos ante el paisaje y sus desvelos, asidos a los nidos de los pájaros que se apresuran a recomponer un instante de su historia que el azar ha querido hacer coincidir con la nuestra.

El aire perfumado arrastra palabras antiguas, hace volar viejas cartas que nunca llegaron a su destino, arrumbadas en el cajón polvoriento de lo que nunca dijimos. Cómo encontrar razones suficientes para compartir el momento preciso en el que podemos ser nosotros. Te conformas con reconocer los pasos que resuenan en las calles empedradas, la sombra que asoma por el arco cincelado que da acceso al puente. Tú estás en medio, expuesto el rostro al aire frío de la tarde.

Cómo compartir lo que aún no has admitido. Esa pesadumbre incierta de la infancia. La relación ambigua que los recuerdos adormecidos niegan. El tiempo no es pasado sino presente eterno que incomoda, lacerado intervalo de emociones antiguas que se repiten. Entre tus libros, en tu cuarto a solas, intentas sobrellevar la derrota. Odias lo que no entiendes, detestas lo que comprendes. No es fácil ser un pájaro sujeto al vaivén caprichoso del viento. Con las alas abiertas admites tu destino, fijas tu mirada en un punto del pasado y comprendes que nada ha cambiado, que sigues siendo un niño que espera silencioso a que una voz conocida lo llame por su nombre.

PRESAGIO

AQUELLAS siestas
acunando tu cuerpo
bajo las ramas.

*

Ruge el otoño.
Y palpita en mi pecho.
Tiembla en las hojas.

*

Viejas postales.
En el árbol desnudo
veo la nieve.

REFUGIO

El canto tenue de aquél pájaro, ¿qué anuncia? ¿Es la ruda certeza de que la noche acaba? No oigas su dulce melodía. Sigue bebiendo en mis palabras. Deja que el viento acompañe el latido de nuestros corazones. Que esta choza en mitad de la montaña nos esconda del pesar, de ese mundo extraño en el que vivimos sin ser uno del otro.

Han florecido las estrellas y no es primavera más que en tu sonrisa. No te dejes adular por lo que hay fuera. Que no te deslumbre el resplandor de la aurora. No te dejes llevar por el intenso perfume del nuevo día. No desesperes, amor. Cierra las ventanas y que se detenga el tiempo entre tus brazos.

NUBES

Aprehender el ritmo de los días. Consentir que suceda lo sencillo, lo que no encierra sorpresa y es, por un momento, razón primera de la vida. Mirar al cielo. Nubes altas de tormenta que encierran el verano en su gris marchito se demoran en lo alto. Presagian el abismo. Acomodan la tristeza. Hacen brillar la certidumbre de otros días como éstos, tan lejanos ahora.

Toda la claridad de la mañana. Todo el color de la añoranza. El camino serpentea entre las rocas. Se enreda entre las flores. Los pájaros se adueñan del instante crucial, de la esperanza. No desespera la luz del nuevo día. No se enreda en el perfume de la brisa. Todo es centro y todo permanece, al menos un instante.

PÁJAROS

Tu mano blanca. La luz que no quema. El beso frío. Luna sobre el mar oscuro. Negro abismo y negro cielo confundidos en la conciencia, apretados en el estrecho laberinto del día presentido. Indescifrables aún los contornos, los colores no han desplegado todavía su punzante desnudez. Un batir de alas nos confunde, nos saca del sopor del duermevela. Está dentro de ti.

Pájaro de la mañana. Tu canto confundido en el arrebato elíptico del viento es el sonido preciso de la felicidad. Tu alegría de estar vivo tiñe de colores estridentes el nuevo día. La vida se concentra en tu vuelo ensimismado. Tu melodía alborotada contradice los pensamientos oscuros, la niebla del amanecer.

TANABATA

Déjame mirar desde la torre más alta. Desde allí te buscaré en el río del cielo. ¿Por qué esperar a que pasen los días? La fecha del encuentro aún queda muy muy lejos. Entre las sombras pronuncio tu nombre, pero sólo el sonido del viento me responde. No te escondas tras las nubes. No me nombres si no quieres, pero enciende con tu luz la noche.

Mi rebaño de estrellas, tu tela sagrada. Olvidemos por un instante que existe mañana. Crucemos juntos el río por el puente de nuestro afecto. Duerma el dios que nos vigila. Calle la aurora. Que el calor de nuestros cuerpos engañe al mundo para que todos los días sean Tanabata.

MÁS ALLÁ

Entre las nubes
aparecen de nuevo
días felices.

*

La primavera
nos regala colores
de antiguas flores.

*

Viejos fantasmas.
Y en el fondo del vaso
brillan tus ojos.

VERANO

Eᴌ verano es la muerte. El joven cadáver de la primavera crece, madura en su belleza hasta deshacerse en cenizas de oro que el viento esparce en el campo quieto. Hay un día de plenitud. En ese instante todo acaba, el vacío recupera su lugar de centro. En él confluyen los deseos cumplidos, las esperanzas. No hay palabras para la luz que no es luz, para el resplandor que ciega la cal viva. El rescoldo del abismo está encendido. La voluntad declina, despacio, como el sol de la tarde.

Duermevela. Hay adelfas colgando de mis manos. Hay un puñado de miedo. La luna muy arriba. Tu risa junto al río. Te busco entre las sábanas. El frío me ha despertado y no te encuentro. Has ido a despedirte de las flores nuevas. Tu calor ha incendiado la madrugada. Por eso tiemblo. Te espero como al rocío. Tus pasos en la noche sobre la piedra fría. La claridad sin pájaros que canten al alba.

RECUERDO

TIEMBLAN las hojas.
Luces de la mañana
sobre los coches.

*

Para encontrarte
no hizo falta otra vida,
sólo la tarde.

*

Hacía frío.
Y en las calles mojadas
amanecía.

SONIDOS

La música acompasa el vuelo de los pájaros, el lento deambular de aquellas nubes, la aurora empolvada por la bruma, el monótono rumor del agua que riega el campo verde. En este instante todo es uno, nada desentona. Tú también lates al unísono. Sientes cómo se alejan tus temores. Flotan en el aire, se diluyen tus pensamientos. Todas las cosas son por primera vez. Todo pasa lento: el amarillo de las flores que salpican la cuneta, el trigo recién nacido, los arrogantes eucaliptos.

Viento. En tu interior se esconde el lamento brillante del bambú. El bosque se envenena con el canto áspero del *sakuhachi*.

TEMBLOR. Con tu canción acompasada renace lo que no tiene vida. Las flores del pasado crecen en el fondo de un turbio remanso al son de la *biwa*.

LATIDO. El eco de la renuncia enciende la tarde. El tañer de la campana nos devuelve a lo que fuimos cuando aún no éramos nada.

MURMULLO. No hay pecado más dulce que contemplarte a la luz de la luna. Con las notas vibrantes del *koto* crece la marea.

ABRAZOS

No nace esta luz del sol pálido de la mañana. No del cálido sopor del mediodía. Hay una luz distinta que cura y reconforta, que ahuyenta los malos pensamientos, que convierte el soliloquio ensordecedor en lamento incierto, en pena difuminada, en «otro día será». Es la luz del fuego que crepita dentro. La luz que reverbera en tus palabras. El brillo de las ascuas encendidas en tu abrazo cerrado al mundo que me quema.

Y porque no tiene sentido ni significado alguno. Porque es un gesto aleatorio en el que confluyen posiciones estelares muy lejanas. Como esas flores que nacen en los muros de piedra sin que nadie las aliente o las cuide. Porque no hay existencia dolorosa, ni pasión enredada a mi cintura. Porque en mitad de la calle puedo verte y que me abraces. Por eso el brillo, la luz de la mañana, los días claros.

FLOR DE AGUA

Flor de agua. Rumor de mediodía. Bajo el cielo tejido por las ramas del fresno habita la quietud. El presente discurre entre las piedras lisas, se arremolina a nuestros pies, nos alienta con su frescura. La vida queda fuera de la sombría dicha del río. Es el calor, el verde, el canto insistente de los pájaros. Y a ella volvemos renovados.

El eco de las risas en el remanso. El perfume violento de la adelfa. La quietud sencilla del espino. Hundir los pesares en la helada corriente del verano. Mirar tu rostro ensimismado en futuros pesares que no has conocido aún. Tu mano, diminuta flor esclarecida. Mis pensamientos, libélulas negras entre las cañas.

ROSA DE NIEVE

No es la quietud del mar ceniciento. No la blanca rosa de nieve a la orilla del río. No la nube alta que arrastra tus pensamientos. Tras la puerta cerrada el mar ha crecido, el río se ha desbordado, la rosa de nieve se ha teñido de púrpura. El tiempo es agua que quema. El aliento de las flores ha empañado la tarde. Y ya no quieres salir del laberinto, dispuesto a perderlo todo en ese abismo sin fondo.

Cómo extrañar lo que no ha sucedido. Cómo esperar que se derrita la nieve al calor de sus manos. Flor y nieve. Alga oscura. Niebla en tu pecho. A solas, tus pensamientos a la deriva son el lodo de un estanque sin fondo en el que crecen algas oscuras que envenenan la noche.

CENTRO

Para luchar contigo. Para encontrar el centro. Para salvar
distancias entre tus pensamientos, la niebla ha levantado
su mano temblorosa, ha posado su aliento frío. Lo desco-
nocido, ese jirón de nubes en el horizonte, el sol entre las
ramas. Tiemblan los pájaros en la espesura, tiembla la voz
del viento entre los árboles, tiembla la gota en el filo de la
hoja. El mundo se despereza, abre los ojos, lame la cica-
triz del miedo. Y entre las espinas, brotes apretados de flo-
res amarillas demoran el inicio de una nueva primavera.

Este camino mojado por la lluvia. Entre las rocas nos
diluye. Nos abandona a la inclemencia de nuestro solilo-
quio. Somos peces en este abismo de verdes cenicientos.
Nuestro reflejo se hunde en la quietud desnuda de los

olmos. Entre las nubes aún deslumbra el trazo intenso de un mal pensamiento. Hemos recorrido el sendero para encontrarnos. Y aunque apenas nos miramos, concentrados en el canto turbio de los pájaros, esperamos pacientes a que levante la niebla.

Este viaje sin tiempo. Este querer encontrarte en lo único que dura, en lo único que cambia. No esperes ante el abismo. Un solo paso en la espesura, después otro. La línea parda de la tierra que te lleva al pie de la ladera. Se pierde tu mirada entre las encinas, brilla con luz nueva en el verde vivo del algarrobo, se nubla en las espinas tiernas del tojo, se recrea en el rojo incendiado del majoleto. Estás dentro de ti. Aunque apenas dure un instante, lo has entendido.

UKIYO-E

I

Miro tu nuca
y se afloja la cinta
de mi kimono.

*

«Me desespera
que no juegues conmigo»,
maúlla el gato.

Sɪ te prefiero a todas las mujeres de esta casa, no es única-
mente por tu boca diminuta como flor de retama. No por
tus pechos de sangre y nieve. No por tu cuello, no por tu
espalda. Si estoy aquí, y permanezco contigo en este mundo
del que no quedará nada, es porque juntos adoramos al dios
de la nostalgia. Él sabe de tu celo, se debe a tus ganas. Se
duerme en tu regazo, crece ante tu mirada.

En el altar pequeño de tus manos, mi ofrenda. Busco
palabras para entonar contigo el mantra que nos una en
otra vida sin palabras. Pero tu luz me hace torpe. Apenas
balbuceo, suspiro, me estremezco y ya no queda nada.
He soñado contigo. Bajo la lluvia fina que cae antes del
alba he cruzado la calle. Tu puerta estaba abierta y yo he
corrido a cerrarla.

Bajo la sombra inquieta de esta primavera enardecida por el bullir sin límite del tiempo. En esta claridad adormecida por el perfume cándido del aire. Botones de cerezo han brotado en mi pecho. Tú quieres arrancarlos. Con tus labios paladeas el dulce sinsentido de las horas. Yo me dejo mecer por la sombra alta de los árboles. Palpita el mundo en mi cintura. No hay razón para el dolor y duele. No hay motivo para la belleza y sueño que regresas. Y aún no te has ido.

No he oído tu nombre. No sé en qué lugar lejano de este mundo te sientas a pensar en lo ocurrido. Pasabas por este jardín. Yo contemplaba el desamparo de las flores. No oía el aleteo de los pájaros. Mi corazón latía con tu aliento. No hay palabras entre nosotros. Sólo una historia tejida de deseo. El verano ha quemado mi recuerdo. Pero aún el ruiseñor te llama a solas.

En esta habitación, mundo pequeño, sólo caben dos como nosotros. Nos sobra la pasión y no hay desvelos. No ocurre nunca nada que no sepas. Yo busco tus secretos. Me interesan las cosas que a los demás escondes. A fuerza de querer que me mires, he buscado con ganas qué entregarte. Ahora desconozco qué era antes. No quieras apartarme de tus brazos. No puedo renunciar a la costumbre de perder la razón por un momento.

Flores de un día. Perfume de amor. Antiguo tormento. Si alguien me pregunta qué me pasa no sabré apuntar a ciencia cierta la razón ni los lazos que nos unen. Quizás en otra vida fuimos uno. Compartimos el vino y la comida. Yo busco entre las sombras de otro mundo. Pregunto los motivos a la luna. Intento avivar viejos rencores. El viento que, insolente, de noche trae tu nombre no sabe responderme.

V

Aunque marzo se ha alejado decidido, tú aún vuelves cada noche. Embriagado de sake y de deseo esperas impaciente mi regreso. A veces me entretengo en el *bunraku*. Veo caras conocidas. Amantes que se fueron. Escucho enternecida una historia de amor como la nuestra, que como la nuestra acaba siempre en despedida. No quiero prolongar más tu agonía. Y vuelvo a casa temblando, temblando como gota de rocío.

Y quiero que este instante permanezca. Que este nudo de hiedras en mi espalda consuma la desidia de mis días. No seré yo capaz de proponerte un viaje sin vuelta a la otra vida. Moriría porque viéramos el día atados a esta lucha sin medida. No curo las heridas de mi pecho. No pienso en la distancia de estar juntos. A solas con la luz de la mañana contemplo los marchitos crisantemos. Tu olor en mi ropa.

PAISAJE INTERIOR

I

CRECE la marea. Melancolía. Tu voz dentro de mí, rumor de olas. Y sobre la arena, crisantemos marchitos por si vuelves.

II

PARA qué la belleza melancólica de tus colores vivos. Eres la luz. El calor tibio de la tarde. El perfume indescifrable del día que termina.

III

Aquí la lluvia es música lejana. Aquí el sol, resplandor de oro que no quema. La luna, filo de plata, fría enredadera. Flores sin perfume en un país sin nombre, donde habita el silencio entre algas verdeazules.

IV

Han pasado mil años y aún te busco en el perfume incierto del verano. No desespero. Bajo la nieve he volado esta noche. Entre la escarcha sigo tu rastro, y no te encuentro.

V

Perfume de lavanda. Sobre tu ropa mojada por mis lágrimas he pasado la noche. Esperando la aurora no me he dormido. El viento impetuoso repetía tu nombre en la ventana.

VI

No más palabras. El recuerdo cubrirá la herida abierta con signos extraños que descifrar a solas. La nostalgia, un trazo tembloroso hacia la nada.

VII

Pino solitario. El viento hace temblar tu corazón oscuro. Y en el verde apagado de tu copa anida la pasión, jirón de niebla.

VIII

Somos como peces en este abismo de azules apagados. Nos dejamos mecer por el brillo intermitente de la luna. Doblegados por la corriente. Anclados en la penumbra a un viejo recuerdo.

IX

Cómo compartir lo que aún no has admitido. Cómo encontrar el momento preciso en el que puedes ser tú. A solas, ante el espejo, no te reconoces. Tu mirada, lluvia.

X

Este débil hilo que nos une. Este camino de hojas caídas. Encontrarnos en el fuego que nos queda. Apagar el silencio con sólo una mirada.

XI

El viento se detiene para oír tu respiración. Y sobre tu cuerpo desnudo la sombra del bambú escribe mi poema de despedida.

AL MODO DE MURASAKI SHIKIBU

NUBES DE OTOÑO

AQUELLA mañana el Paseo del Vendaval había amanecido cubierto de hojas. Durante la noche, el viento había soplado intensamente y ella, que esperaba la llegada del nuevo día con impaciencia, se había desvelado al oírlo batir contra la ventana.

«No podré» –se había dicho–.

Aunque estaba segura de que con los primeros rayos del sol aumentaría su pesadumbre y que el camino que tenía que emprender ese día se le haría insoportable, no podía dejar de imaginar cómo sería el encuentro. Aquella tarde había pensado mandarle una nota disculpándose, pero no le encontró sentido. No había ningún motivo para pensar que él la esperaba. Ni siquiera estaba segura de que asistiera a aquella reunión de antiguos compañeros.

Recordaba que la última vez que lo vio estuvo distante, tal vez alarmado por el cariz que las cosas entre ellos habían tomado en los últimos días. Mientras los demás hablaban, él garabateo en una servilleta y la dejó olvidada muy cerca de ella:

Como una nube
que el viento rasga
como en un sueño,
van cayendo las hojas
que ocultan el camino.

No tuvo tiempo de contestarle. El grupo se diluyó en la tarde apresuradamente y no pudo despedirse. Había pasado un año. No lo había vuelto a ver.

A punto de despuntar el alba comenzó a vestirse. Eligió para la ocasión una blusa de seda color vino que le había regalado su marido con motivo de su cumpleaños y un pantalón tejano deliberadamente desgastado que complementó con unos botines negros de tacón de aguja. No olvidó perfumarse levemente con una mezcla de esencias que había comprado en el zoco de Tánger. Contemplando su figura en el espejo, sintió pena. Barajó la idea de no ir, una vez más. Pero se montó en el coche a las nueve en punto de la mañana y encendió la radio. Sonaba Bruce Springsteen.

No tardó mucho en aparcar. El viento se había calmado y la luz tamizada por las nubes altas se reflejaba en el capó de los coches húmedos aún de rocío. La plaza estaba medio desierta. Dos tórtolas alzaron el vuelo casi a la par asustadas por el ruido del agua de la fuente que, de repente, empezó a lanzar alegres caños.

Se dio la vuelta. Un grupo de escolares de un colegio próximo vestidos con uniformes azul ceniza salían de excursión. La algarabía le dio dolor de cabeza. Se sentó en un banco próximo a la fuente y encendió un cigarrillo.

En el reverso del papel plateado que protegía la caja escribió:

> Escucho el rumor
> del tiempo que ha pasado.
> Como las nubes
> que ocultan el camino
> Nuestros sueños se han ido.

Esperó a que se secara la tinta y metió el papel entre las páginas de un libro que llevaba en el bolso. Era una edición de *Los sufrimientos del joven Werther* que había pensado regalarle. Compró un sobre en un estanco cercano, metió el libro y lo dejó a su nombre en la cafetería donde habían quedado.

A la vuelta comenzó a llover. Pasó el día encerrada en su cuarto. Sin encender el ordenador ni hacer caso al teléfono. Se acostó pronto y se durmió enseguida. Estaba agotada. De madrugada se despertó sobresaltada por el canto insistente de un pájaro. No supo identificarlo. Todo había acabado.

AL MODO DE SEI SHŌNAGON

I

COSAS INSIDIOSAS

Las gotas de lluvia sobre tu cara cuando vas recién maquillada a una cita importante.

*

Buscar por todas partes una vieja carta. Encontrarla y que no diga exactamente lo que recordabas.

*

Que suene el teléfono mientras estás leyendo y que no conteste nadie cuando aciertas a descolgarlo.

*

Que alguien que habla mucho no te deje estar a solas con tus pensamientos.

*

Preparar la comida y que se queme un poco.

II

COSAS QUE NO SE OLVIDAN

El primer beso, una mañana fría con pájaros que volaban rozando el horizonte.

*

Aquel paseo bajo la lluvia. La luna había salido, pero apenas brillaba.

*

Aquella tarde. Tu mano guiando la mía hacía una sel-
va húmeda en la que habitaban animales prehistóricos
que yo no conocía.

* * *

La despedida. No quería mirarte y tú insistías.

* * *

Las amapolas, que florecen de pronto y duran nada.

ÍNDICE

Paisaje interior
de Mª ÁNGELES ROBLES
salió de la imprenta el
5 de junio de
2 0 2 4